Workbook to Accompany 한국말 하시네요! / You Speak Korean!
First-year College Korean, Volume I
Haewon Cho, Soohee Kim, Emily Curtis.

ISBN 0-9728356-1-X (paperback)

Clip art courtesy of *Microsoft Corporation*.

Additional Clip art courtesy of the *Purdue Japanese Language Project*.

Cover Design by Dianne Gardner.

Printed in Canada.

PARADIGM*BUSTERS*

www.ParadigmBusters.com

Workbook to Accompany

한국말 하시네요!

You Speak Korean!

**First-year Korean I
Book I**

TABLE OF CONTENTS

INTRODUCTION TO THE WORKBOOK

This workbook accompanies the textbook 한국말 하시네요! / *You Speak Korean!*

USAGE

This workbook consists of a variety of self-study exercises for students. While the textbook focuses on in-class exercises, this workbook provides more numerous and expanded exercises that are especially well-suited for individual (home) work. However, they can also be used in classroom settings. This workbook is specially designed to promote the development and acquisition of the four basic language skills (Speaking, Listening, Reading and Writing) and to encourage authentic everyday Korean interpersonal communication.

ORGANIZATION

The organization of the workbook follows that of the textbook. The Preliminary Chapter has sections for each **Preliminary Point** (excluding Points A and B, which are self-contained in the textbook). The Preliminary Chapter focuses on helping students practice and acquire the Korean alphabet (한글). Included are written and listening exercises for Korean letters, useful expressions, classroom expressions, and numbers practice.

Each whole-numbered **Chapter** (1-3) contains four **Lessons**, corresponding to the textbook. Each **Lesson** includes **Vocabulary Exercises** and **Grammar Exercises,** and many also have **Listening Exercises**. Chapters also have **Comprehensive Exercises**, which include grammar and vocabulary from all Lessons of the Chapter and may include Reading, Listening, and Writing Exercises. Each numbered Chapter concludes with the **Scripts** for all Chapter Listening exercises.

As in the textbook, Chapters 1.5, 2.5 and 3.5 are self-contained lessons on a specific topic (such as telling time) that does not involve a grammar point or explanation. Workbook exercises focus on the vocabulary and specific model sentences involved.

CONTENT AND GOALS

In the Vocabulary and Grammar sections, exercises have been designed to help students familiarize themselves with new vocabulary items and grammar structures. Grammar and Vocabulary exercises come in a wide variety of exercise types: from sentence- or chart-completion, substitution, and picture-labeling, to more complex tasks such as open-ended questions and personalized paragraph-writing.

Many Grammar and Vocabulary exercises are presented with pictures to enhance students' comprehension and to boost and maintain their interest. Many of the exercises ask students to answer questions based on their own experiences or opinions. These exercises are designed to encourage the use of authentic language in meaningful contexts. They can easily be converted to in-class pair-work for speaking/listening practice as well.

Comprehensive Reading and Listening exercises present a variety of relevant types of text that use the new and previous grammar structures and vocabulary items. While doing these exercises, students will gain insight about how they can use vocabulary items properly but in wider contexts beyond the textbook dialogues. Writing exercises are designed to allow students to practice expressing particular meanings using new grammar structures and vocabulary items introduced in each Lesson.

EDITION

This workbook has been used in college-level language courses in both full-year and intensive courses, and edited according to the usability findings. However, your comments and suggestions for improvement of this volume are welcome at the publisher's website.

PRELIMINARIES.

Preliminaries C   In the Classroom

Listening Exercises

Exercise 1.

Listen carefully and circle the expressions you hear.

1.   a. No, I don't have a question.   b. Yes, I have a question.
        c. Do you have any questions?   d. Listen carefully.

2.   a. Listen carefully.   b. Repeat after me.
        c. Please speak in Korean.   d. Please work with a partner.

3.   a. Please speak slowly.   b. Please do/speak it once more.
        c. One more time!   d. Please speak louder.

4.   a. Please try reading it.   b. Please look here.
        c. Please try writing it.   d. Please look at your book

5.   a. Listen carefully.   b. Please try reading it.
        c. Please try writing it.   d. Please look at your book

6.   a. Turn in your homework.   b. Come have it/them memorized.
        c. Please speak in Korean.   d. Do it quickly.

Preliminaries D   The Korean Alphabet

Reading and Writing Exercises

Exercise 1.

Practice writing the [consonant + simple vowel] combinations and READ THEM ALOUD!

Vowels / Consonants	ㅏ uh	ㅑ yw	ㅓ uh	ㅕ yuh	ㅗ o	ㅛ yo	ㅜ	ㅠ	ㅡ	ㅣ
ㄱ	가	갸	거	겨	고	교	구	규	그	기
ㄴ	나	냐	너	녀	노	뇨	누	뉴	느	니
ㄷ	다	댜	더	뎌	도	됴	두	듀	드	디
ㄹ	라	랴	러	려	로	료	루	류	르	리
ㅁ	마	먀	머	며	모	묘	무	뮤	므	미
ㅂ	바	뱌	버	벼	보	뵤	부	뷰	브	비
ㅅ	사	샤	서	셔	소	쇼	수	슈	스	시
ㅇ	아	야	어	여	오	요	우	유	으	이
ㅈ	자	쟈	저	져	조	죠	주	쥬	즈	지
ㅊ	차	챠	처	쳐	초	쵸	추	츄	츠	치
ㅋ	카	캬	커	켜	코	쿄	쿠	큐	크	키
ㅌ	타	탸	터	텨	토	툐	투	튜	트	티
ㅍ	파	퍄	퍼	펴	포	표	푸	퓨	프	피
ㅎ	하	햐	허	혀	호	효	후	휴	흐	히

Exercise 2.

Practice writing the [consonant + complex vowel] combinations and read them aloud.

Vowels / Consonants	ㅐ	ㅒ	ㅔ	ㅖ	ㅘ	ㅙ	ㅚ	ㅝ	ㅞ	ㅟ	ㅢ
ㄱ	개	걔	게	계	과	괘	괴	궈	궤	귀	긔
ㄴ	내	냬	네	녜	놔	놰	뇌	눠	눼	뉘	늬
ㄷ	대	댸	데	뎨	돠	돼	되	둬	뒈	뒤	듸
ㄹ	래	럐	레	례	롸	뢔	뢰	뤄	뤠	뤼	릐
ㅁ	매	먜	메	몌	뫄	뫠	뫼	뭐	뭬	뮈	믜
ㅂ	배	뱨	베	볘	봐	봬	뵈	붜	붸	뷔	븨
ㅅ	새	섀	세	셰	솨	쇄	쇠	숴	쉐	쉬	싀
ㅇ	애	얘	에	예	와	왜	외	워	웨	위	의
ㅈ	재	쟤	제	졔	좌	좨	죄	줘	줴	쥐	즤
ㅊ	채	챼	체	쳬	촤	쵀	최	춰	췌	취	츼
ㅋ	캐	컈	케	켸	콰	쾌	쾨	쿼	퀘	퀴	킈
ㅌ	태	턔	테	톄	톼	퇘	퇴	퉈	퉤	튀	틔
ㅍ	패	퍠	페	폐	퐈	퐤	푀	풔	풰	퓌	픠
ㅎ	해	햬	헤	혜	화	홰	회	훠	훼	휘	흐

Not all these consonant + complex graph vowel combinations are used with the same frequency in Korean. However, for the sake of learning the pronunciation of each consonant and vowel, read aloud each syllable.

Exercise 3.

Fill in the blanks with appropriate 한글 letters according to the dictionary order.

Consonants (자음)

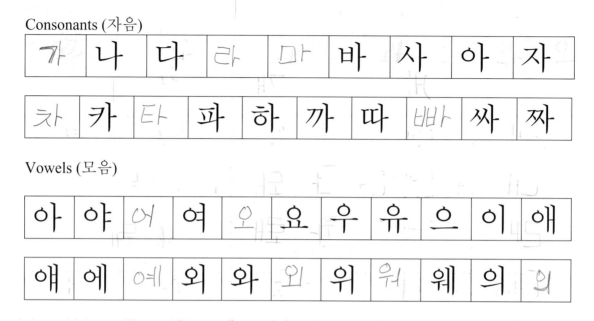

가	나	다	라	마	바	사	아	자
차	카	타	파	하	까	따	빠	싸	짜

Vowels (모음)

아	야	어	여	오	요	우	유	으	이	애
애	에	예	외	와	외	위	워	웨	의	의

Exercise 4.

Match the vowels that have the same pronunciation in modern Korean (some sounds have more than one match, and others do not have a match).

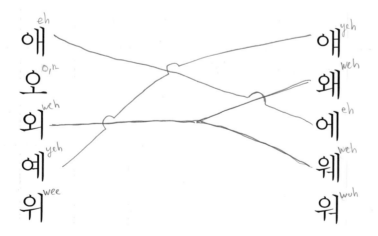

4

Exercise 5. Words with vowel-only syllables

Read the following words.

아야	아이	오이	우유	이유
여우	이	요요	외워요	와요

Exercise 6.

Practice writing the following words and read them aloud.

아	야	아	야	아	야	아	야	아	야
아	이	아	이	아	이	아	이	아	이
오	이	오	이	오	이	오	이	오	이
우	유	우	유	우	유	우	유	우	유
이	유	이	유	여	유	이	유	이	유
여	우	여	우	여	우	여	우	여	우
이	이	이	이	이	이	이	이	이	이

요	요	요	요	요	요	요	요	요	요
외	워	요	외	워	요	외	워	요	
와	요	와	요	와	요	와	요	와	요

Exercise 7. Words with consonant-vowel syllables

Read the following words.

다리 *tah ri*	꼬마 *goma*	모자 *moga*	계피 *kehpee*	하마 *hama*
커피 *dau pee*	사과 *sa nwah*	토끼 *to gee*	포도 *pōtō*	베개
메뉴 *me nyu*	수표 *supyō*	아빠 *uppa*	돼지 *tweh gee*	가짜 *kaccha*

6

Exercise 8. Words with consonant-vowel syllables

Practice writing the following words and READ THEM ALOUD!

다	리	다	리	다	리	다	리	다	리
모	자	모	자	모	자	모	자	모	자
바	나	나	바	나	나	바	나	나	
사	과	사	과	사	과	사	과	사	과
꼬	마	꼬	마	꼬	마	꼬	마	꼬	마
계	피	계	피	계	피	계	피	계	피
커	피	커	피	커	피	커	피	커	피
토	끼	토	께	토	께	토	끼	토	끼
포	도	포	도	포	도	포	도	포	도
하	마	하	마	하	마	하	마	하	마
메	뉴	메	뉴	메	뉴	메	뉴	메	뉴
수	표	수	표	수	표	수	표	수	표
아	빠	아	빠	아	빠	아	빠	아	빠
돼	지	돼	지	돼	지	돼	지	돼	지
가	짜	가	짜	가	짜	가	짜	가	짜

Exercise 9. Words with consonant-vowel syllables

Read the following words.

| 친구 | 맥주 | 고양이 | 책상 | 똑똑해요 |
| 펜 | 빵 | 한글 | 도서관 | 병원 |

Exercise 10. Words with consonant-vowel syllables

Practice writing the following words and read them aloud.

친	구	친	구	친	구	친	구	친	구
맥	주	맥	주	맥	주	맥	주	맥	주
고	양	이	고	양	이	고	양	이	
책	상	책	상	책	상	책	상	책	상
똑	똑	해	요	똑	똑	해	똑	똑	해
펜	펜	펜	펜	펜	빵	빵	빵	빵	빵
한	글	한	글	한	글	한	글	한	글

도	서	관	도	서	관	도	서	관	
병	원	병	원	병	원	병	원	병	원

Listening Exercises

Exercise 1. Basic Consonants

Listen carefully and circle the syllable you hear.

1. 가 카   2. 나 라
3. 바 파   4. 마 아
5. 자 차   6. 가 다
7. 다 타   8. 사 자

Exercise 2. Simple vowels

Listen and write what you hear.

1. 우 아   2. 야 요
3. 어 오   4. 아 어
5. 으 우   6. 어 우
7. 여 유   8. 으 이

Exercise 3. Words with complex vowels

Circle the syllable you hear.   Pay attention to the vowels.

1. a. 애   b. 애   c. 예   d. 의
2. a. 으   b. 이   c. 의   d. 위
3. a. 의자   b. 이자   c. 위자   d. 외자
4. a. 나   b. 노   c. 느   d. 너
5. a. 돼지   b. 듸지   c. 대지   d. 뒤지

9

Exercise 4. Words with consonant-vowel syllables

Circle the syllable you hear. Pay attention to the consonants.

1. a. 달   b. 탈   c. 딸
2. a. 바   b. 파   c. 빠   d. 다
3. a. 문   b. 물   c. 뭄   d. 뭉
4. a. 집   b. 칩   c. 찝
5. a. 달이   b. 다리   c. 달리
6. a. 까지   b. 까치   c. 가치   d. 가시
7. a. 만나   b. 마나   c. 망아   d. 맘마
8. a. 시계   b. 지게   c. 찌게   d. 치게
9. a. 사다   b. 싸다

Preliminaries E   Pronunciation Guide

Reading and Writing Exercises

Exercise 1. The seven representatives.
Practice reading the following words and write them as they sound.

			daytime	
부엌	빵	꽃	낮	넷
Pronunciation 부억				
left		below		OUTSIDE
왼쪽	앞	밑	아홉	밖
Pronunciation				

Exercise 2. The spill-over rule

Practice reading the following sentences. Underline the part where the liaison rule applies.

1. 여기에 꽃이 있어요.

2. 책 밑에 옷이 있어요.

3. 앞을 보세요.

4. 아까는 빵이 있었어요.

5. 낮에 공부하고 밤에 자요.

Exercise 3.   Syllables ending in double consonants.

Read the following words aloud.

1. 앉아   2. 읽어

3. 젊은   4. 밟으니

5. 훑어서   6. 읊어요

Exercise 4. Words borrowed from English.

Guess the meaning of the following words and the English word they come from.

1. 런치   2. 테스트

3. 라디오   4. 볼

5. 러브   6. 재즈

7. 비치 타올   8. 케이크

9. 버스   10. 시애틀

Listening Exercises

Exercise 1. The spill-over rule

Circle the words you hear.

1. 낮 낱   낫   낯

2. 반 밭   밫   밧

3. 억 엌   엌   었

4. 짚 집

5. 숲 숯   숩   숫

Preliminaries F   Useful Expressions

Reading and Writing Exercises

Exercise 1. Useful Expressions I.

The followings are greetings which were introduced in Preliminaries A. Read the following expressions and write them two times.

선	생	님	,	안	녕	하	세	요	?		
네	,	안	녕	하	세	요	?				
이	름	이		뭐	예	요	?				
제		이	름	은		승	희	예	요	.	
친	구		이	름	은		벤	이	에	요	.
처	음		뵙	겠	어	요	.				

만	나	서		반	가	워	요	.			
잘		부	탁	해	요						
안	녕	히		가	세	요					
네	,	안	녕	히		계	세	요			
내	일		봐	요	.						

Exercise 2. Useful Expressions II.

Read the following expressions and write them two times.

실	례	합	니	다	.				
미	안	합	니	다	.				

감사합니다.

한국말로 뭐예요?

내일 봐요.

그래요?
그래요.
맞아요.
괜찮아요.

조용히 하세요.

화장실이 어디예요?

문제가 뭐예요?

Listening Exercises

Exercise 1.

Listen carefully and circle the expressions you hear.

1. a. Hello?   b. Excuse me.
    c. Thank you.   d. Sorry.

2. a. Good bye (to one who's leaving)
    b. Good bye (to one who's staying).

3. a. See you tomorrow.   b. That's OK.
    c. Thank you.   d. Sorry.

4. a. Pleased to meet you.   b. Is that so?
    c. That's correct.   d. That is so.

5. a. Please be quiet.   b. Where is the restroom?
    c. How do you say ____ in Korean? d. What is the problem?

6. a. Excuse me.   b. Sorry.
    c. See you tomorrow.   d. That's OK.

Preliminaries G   Numbers - 숫자

Reading and Writing Exercises

Exercise 1. Sino-Korean Numbers I

Read and write the following words four times.

일				이				
삼				사				
오				육				
칠				팔				
구				십				
십	일							
십	이							
이	십							
삼	십							
사	십							
오	십							
육	십							
칠	십							
팔	십							
구	십							
백				천				
만				영				

Exercise 2. Sino-Korean Numbers II

Write the following number in Sino-Korean numbers.

a. 10 _____   b. 4 _____
c. 9 _____   d. 2 _____
e. 5 _____   f. 8 _____

Exercise 3. Sino-Korean Numbers III

How do you say these numbers in Korean? Write your answers.

a. 2,110 _____   b. 835 _____
c. 71,300 _____   d. 1,158 _____
e. 399 _____   f. 32,800 _____

Exercise 4. Sino-Korean Numbers IV

Answer the question using Sino-Korea numbers.

a. What is the number of the apartment or house where you live?
_____

b. What is the normal temperature of a healthy person?
_____ degrees (도)

c. How tall is Michael Jordan?
_____feet _____inches

d. How much is a Big Mac?
_____dollars (달러)

e. One year is _____ days (일).

Exercise 5. Sino-Korean Numbers V

Read and write the following telephone numbers in Sino-Korean numbers.

(206) 685 - 4265   _____

(206) 543 - 7487   _____

(808) 984 - 2932   _____

(503) 244 - 7894   _____

Exercise 6. Native Korean Numbers I

Read and write the following words four times.

하	나							
둘								
셋								
넷								
다	섯							
여	섯							
일	곱							
여	덟							
아	홉							
열								

Exercise 7. Native Korean Numbers II

Count the following objects and write the numbers in Native-Korean numbers.

☺ ☺

♪♪♪♪

☼ ☼ ☼ ☼ ☼ ☼ ☼

Exercise 8. Native Korean Numbers III

Read and write the following words four times.

열									
스	물								
서	른								
마	흔								
쉰									
예	순								
일	흔								
여	든								
아	흔								
백									

Exercise 9. Native Korean Numbers IV

Write the following numbers in Native-Korean numbers.

13 _____   25 _____

78 _____   99 _____

64 _____   81 _____

Exercise 10. Native Korean Numbers IV

Fill in the blanks with the missing numbers.

1. 일 – 이 – (   ) – (   ) – (   ) – 육 – 칠 – (   ) – (   ) – 십

2. 하나 – 둘 – (   ) – (   ) – (   ) – 여섯 – 일곱 – (   ) – (   ) – 열

3. (   ) – 스물 – (   ) – 마흔 – (   ) –
    (   ) – 일흔 – (   ) – (   ) – 백

4. (   ) – 넷 – 여섯 – (   ) – (   ) – 열둘 – …

5. 다섯 – 열 – (   ) – 수믈 – (   ) – …

Listening Exercises

Exercise 1.

Listen and write the number you hear in Arabic numbers.

1. _____   2. _____

3. _____   4. _____

5. _____   6. _____

7. _____   8. _____

9. _____   10. _____

Preliminaries H   Days and Months

Reading and Writing Exercises

Exercise 1. Date & Month practice

Read the following months and dates aloud.

1. 5 월 8 일 - 어버이 날 (Parent's Day)   _____

2. 1 월 1 일 – 설날 (New Year's Day)   _____

3. 6 월 25 일 (Korean War Memorial Day)   _____

4. 4 월 5 일 - 식목일 (Korean Arbor Day)   _____

5. 3 월 1 일 - 삼일절 (Independence Movement Day)   _____

6. 10 월 9 일 - 한글날 (Korean Language Day)   _____

Exercise 2. When is…?

When are the following days? Write the date of each day in Korean.

1. 크리스마스   _____

2. 미국 독립 기념일 (U.S. Independence Day)   _____

3. New Year's Day   _____

4. 발렌타인 데이   _____

5. 할로윈   _____

6. 선생님 생일   _____

7. 엄마/아빠 생신   _____

(엄마, 아빠 = mommy, daddy; 생신 = honorific form of 생일)

8. Your favorite day   _____

Listening Exercises

Exercise 1.

Listen and write the date you hear in Arabic numbers.

1. _____   2. _____

3. _____   4. _____

5. _____   6. _____

7. _____   8. _____

9. _____   10. _____

Preliminaries I Nationalities

Reading and Writing Exercises

Exercise 1.

Answer the following questions in Korean.

1. What language is spoken in the United States?   _____

2. What are the people from Korea called?   _____

3. Name at least two countries where Chinese characters are used.   _____

4. Name at least three countries where English is the national language.

_____

5. What are the Korean-Americans called?   _____

6. Write the name of the country whose capital is Paris.   _____

7. Write the name of the largest country in the world.   _____

Exercise 2.

Write the names of the countries which belong to the following continents.

1. Asia   _____

2. Western Europe   _____

3. North America   _____

4. Southern Europe   _____

5. Eastern Europe   _____

Listening Scripts

Preliminaries C   In the Classroom

Exercise 1.

Listen carefully and circle the expressions you hear.

1.   질문 있어요?

2.   잘 들으세요.

3.   한 번 더 해 주세요.

4.   책 보세요.

5.   써 보세요.

6.   숙제 내세요.

Preliminaries D   The Korean Alphabet

Exercise 1. Basic Consonants

Listen carefully and circle the syllable you hear.

1. 카	2. 나
3. 바	4. 아
5. 자	6. 다
7. 타	8. 사

Exercise 2. Simple vowels

Listen and write what you hear.

1. 우	2. 요
3. 어	4. 어
5. 으	6. 우
7. 유	8. 이

Exercise 3. Words with complex vowels

Circle the syllable you hear. Pay attention to the vowels.

1. 애   2. 의   3. 외자   4. 느   5. 돼지

Exercise 4. Words with consonant-vowel syllables

Circle the syllable you hear. Pay attention to the consonants.

1 탈   2. 빠   3. 물   4. 집   5. 달리

6. 가치   7. 만나   8. 찌게   9. 싸다

Preliminaries E Pronunciation Guide

Exercise 1.   The spill-over rule

Circle the words you hear.

1. 낮을   2. 밭에   3. 엎에   4. 집이   5. 숯이

Preliminaries F   Useful Expressions

Exercise 1.

Listen carefully and circle the expressions you hear.

1.   감사합니다.

2.   안녕히 계세요.

3.   괜찮아요.

4.   맞아요.

5.   조용히 해 주세요.

6.   실례합니다.

Preliminaries G   Numbers

Exercise 1.

Listen and write the date you hear in Arabic numbers.

1. 스물 넷   2. 열 일곱   3. 쉰 셋

4. 아흔 하나   5. 백   6. 팔십구

7. 칠십오   8. 이십칠   9. 사십삼   10. 육십 일

Preliminaries H   Days and Months

Exercise 1.

Listen and write the date you hear in Arabic numbers.

1. 일 월 삼 일   2. 유 월 칠 일

3. 시 월 삼십일 일   4. 십이 월 이십오 일

5. 삼 월 육 일   6. 오 월 팔 일

7. 이 월 십사 일   8. 칠 월 이십구 일

9. 사 월 일 일   10. 십이 월 삼십 일

Chapter 1 그게 뭐에요?

Lesson 1

Vocabulary Exercises　　단어 연습

Exercise 1. What is it?

Write the name of each item in Korean.

1. _____

2. _____

3. _____

4. _____

5. _____

6. _____

7. _____

8. _____

9. _____

10. _____

Homework

11. _____

Question

12. _____

Exercise 3.
Read and write the following words.

내	일							
숙	제							
시	험							
질	문							
교	실							
사	무	실						
책	상							
탁	자							
의	자							
칠	판							
시	계							
텔	레	비	전					
비	디	오						
문				벽				
창	문							
전	화							
컴	퓨	터						
프	린	터						
있	어	요						
없	어	요						

Grammar Exercises 문법 연습

Exercise 1. 있어요/없어요

Answer the following questions.

1. 한국어 교실. 뭐가 있어요?

_____

_____

2. 뭐가 없어요?

_____

_____

Exercise 2. Subject marker 이/가

Fill in the blank with an appropriate <u>subject marker</u> and translate the sentence.

1. 의자_____ 있어요.

2. 책상_____ 있어요.

3. 내일 시험_____있어요.

4. 지우개_____ 있어요.

5. 시계_____ 있어요.

6. 질문_____ 있어요.

7. 비디오_____ 있어요.

8. 창문_____ 있어요.

Exercise 4. Stationary location marker –에

Write a sentence as shown in the example.

Example)     교실에 의자가 있어요. 칠판이 있어요.

1.

2.

3.

4.

Lesson 2

Vocabulary Exercises   단어 연습

Exercise 1. What is it?

Write the name of each item in Korean.

1.

2.

3.

4.

5.

6.

7.

8.   Tel) 206-685-3069

9.   koreanlg@u.washington.edu

Exercise 2. Read and write the following words twice each and translate.

선	생	님					
남	학	생					
여	학	생					
한	국	어					
전	화	번	호				
이	메	일					
한	국						
사	람						
이	름						
공	책						
종	이						
연	필						
책			펜				
지	우	개					
이			그				
저			거				
저	희						
제							
네			예				
아	니	오					
뭐			씨				

Exercise 3.   Odd one out!

Which doesn't fit? Choose the item that doesn't belong in each category with the others.

가) 문, 창문, 선생님, 벽

나) 펜, 종이, 책, 책상

다) 칠판, 지우개, 여학생, 연필

라) 탁자, 가방, 의자, 책상

마) 전화, 비디오, 종이, 컴퓨터

Grammar Exercises 문법 연습

Exercise 1. 에요/이에요

cons tey0
vowel eyo

Fill in the blank with an appropriate form of the verb '이다' for a polite situation.

What is that thing

1. 그게 뭐_____?
that thing

2. 이건 펜 _이에요_.

3. 이건 가방 _이에요_.

4. 이건 종이 _에요_.   chenneun
American person

ehkun
5. 이건 지우개 _에요_ .

6. 미국 사람 _이에요_ .

7. 저희 아버지 _에요_ .
our   grandfather

chogon
8. 저건 카메라 _에요_ .
That thing

Exercise 2. Question and answer

Answer the questions as shown in the example.

예) 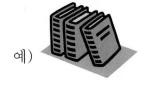   책이에요?
                        네, 책이에요.

   지우개에요?
아니오. 지우개가 아니에요. 종이에요.

1. 여학생이에요?

_____

2. 학생이에요?

_____

3. 펜이에요?

_____

4. 가방이에요?

_____

5. 미국 사람이에요?

_____

6. 연필이에요?

_____

Exercise 3. 이, 그, 저

Fill in the blanks with 이게, 그게, 저게, 이건, 저건 or 그건.

1. 여우 (fox): _____ 뭐에요?

    지나: _____ 제 공책이에요.

2.　　　여우 (fox): ＿＿＿＿＿＿ 뭐에요?

　　　　지나: ＿＿＿＿＿ 제 돈 (money)이에요.

3.　　　여우 (fox): ＿＿＿＿＿＿ 뭐에요?

　　　　지나: ＿＿＿＿＿ 책이에요.

4.　　　지나: ＿＿＿＿＿＿ 뭐에요?

　　　　여우: ＿＿＿＿＿ 지나씨 공책이에요.

5.　　　지나: ＿＿＿＿＿＿ 뭐에요?

　　　　여우: ＿＿＿＿＿ 종이에요.

Exercise 4. 제, 저희

Fill in the blanks with 제 or 저희.

저희 아버지　　　　　　＿＿＿＿＿ 돈 (money)　　　　＿＿＿＿＿ 학교
(school)

＿＿＿＿＿　　　　　　　＿＿＿＿＿　　　　　　　　＿＿＿＿＿

_____   _____ 집 (house)   _____

_____

Exercise 5. Negative

Change the sentence into a NEGATIVE sentence.

1. 교실에 학생이 있어요.

→ _____

2. 이건 문이에요.

→ _____

3. 질문이 있어요.

→ _____

4. 이건 지우개에요.

→ _____

5. 내일 시험이 있어요.

→ _____

Lesson 3

Vocabulary Exercises　　　단어 연습

Exercise 1.

Read and write the following words.

잡	지								
신	문								
지	갑								
돈									
학	생	증							
크	레	디	트		카	드			
학	생	증							
열	쇠				칼				
기	타								
워	크	맨							
핸	드	폰							
시	디								
사	탕								
과	자								
껌									
초	콜	릿							
아	이	스	크	림					
주	스								

샌	드	위	치						
또									
여	기								
저	기								
거	기								

Exercise 2.   Read and write the following words.

Write three items that you can find in each of the following places.

1. 가방 　　　_____　　_____　　_____

2. 지갑 　　　_____　　_____　　_____

3. 슈퍼 마켓 　_____　　_____　　_____
   (grocery store)

4. 교실 　　　_____　　_____　　_____

5. 사무실 　　_____　　_____　　_____

6. Best Buy 　_____　　_____　　_____

Grammar Exercises 문법 연습

Exercise 1. 있어요/없어요 (Possession)

Look at the following pictures and write a sentence as shown in the example.

지니하고 제니   탐   선생님   리사   애니

예)   **탐**은 공책이 있어요.

1. Who has cookies?

→ _____

2. Who has a bag?

→ _____

3. Who has a key?

→ _____

4. Who has money?

→ _____

5. Who has candy?

→ _____

Exercise 2. 이/가/도

Fill in the blanks with an appropriate marker.

1. 제니는 아이스크림_____ 있어요. 사탕_____ 있어요.

2. 선생님은 펜하고 연필_____ 있어요.

3. 저기 제 가방하고 책_____ 있어요. 제 공책_____ 있어요.

4. 여기 한국어 클래스_____ 있어요.

Exercise 3. 하고

Connect the two sentences using 하고.

예)   책이 있어요. 가방도 있어요.   →   책하고 가방이 있어요.

1. 학생증이 있어요. 돈도 있어요.

→ _____

2. 아이스크림이 있어요. 초컬렛도 있어요.

→ _____

3. 남학생이 있어요. 여학생도 있어요.

→ _____

4. 미국 사람이 있어요. 일본 사람도 있어요.

→ _____

5. 기타가 있어요. 시디도 있어요.

→ _____

6. 열쇠가 있어요. 지갑도 있어요.

→ _____

Exercise 4. 하고

Describe each picture using 하고 as shown in the example.

Example)    의자하고 칠판이 있어요.

1.  _____

2.  _____

3. _____

4. _____

5.  _____

6.  _____

7. _____

8. _____

Exercise 5. Spacing between words

Write S in the blanks when you need a space. Otherwise, write X.

1. 저____분____이____저희____선생님___이에요.

2. 여기____가____한국어____교실___이에요.

3. 저기____제___학생증____이___있어요.

4. 이____건____아버지____열쇠___아니에요.

5. 학생증_____하고_____지갑_____이_____있어요.

Lesson 4

Vocabulary Exercises   단어 연습

Exercise 1.

Read and write the following words.

				뒤				
앞								
오	른	쪽						
왼	쪽							
위				밑				
아	래							
안				밖				
사	이							
가	운	데						
주	위							
옆								
어	디							
의				속				
사	이							
건	물							
맞	은	편						

Exercise 2.

Fill in the blanks.

가) 연필은 컵*의 _____에 있어요.   * 컵 (cup)

나) 지우개는 공책의 _____에 있어요.

다) 컵은 공책하고 칼의 _____ 있어요.

라) 시계는 공책의 _____에 있어요.

Exercise 3. 어디에 뭐가 있어요?   What's where?

Answer the questions according to the picture below.

1. 의자가 어디에 있어요?

2. 컴퓨터는 어디에 있어요?

3. 휴지통*은 어디에 있어요?   *휴지통 (trash can)

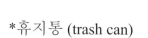

4. Party hat 은 어디에 있어요?

Grammar Exercises 문법 연습

Exercise 1. Topic–contrast marker 은/는

Fill in the blank with an appropriate <u>topic marker</u> and translate each sentence.

1. 여기에 의자가 없어요. 저기에_____ 의자가 있어요.

2. 제 이름_____ 민수에요. 저_____ 한국 사람이에요.

3. 시험이 있어요. 숙제_____ 없어요.

4. 책상 위에 책이 _____ 있어요. 지우개_____ 없어요.

5. 비디오가 _____있어요. 텔레비전_____ 없어요.

6. 남학생이 _____ 있어요. 여학생_____ 없어요.

7. 과자가 _____ 있어요. 주스_____ 없어요.

Exercise 2. Topic –contrast marker 은/는

Fill in the blanks with T (topic marker) or S (subject marker) under all <u>underlined</u> nouns. If neither T nor S is appropriate, write X. (The phrase is a literal translation from a Korean text, which might seem a little awkward. Pay attention to the NOUNS).

Yesterday <u>I</u> met <u>a friend</u>. <u>The friend's name</u> is Nick. <u>Nick</u> is an old friend I met in

      (   )(   )   (   )   (   )

college. <u>Nick</u> used to be a very funny guy, and there were many <u>girlfriends</u> for him (*i.e.*,

      (   )   (   )

he had many girl friends). When I met him yesterday, <u>Nick</u> was with <u>a woman</u>. <u>The</u>

                                  (   )   (   )

<u>woman</u> looked very familiar. 10 minutes after we said good-bye, I realized that <u>the</u>

(   )

<u>woman</u> was my first high school love.

Exercise 3. Topic –contrast marker vs. Subject marker

Fill in the blanks with 은, 는, 이, or 가

1. A: 이름_____ 뭐에요?

    B: 제 이름_____ *미라*에요.

2. 여기____ 김 선생님 사무실이에요. 저기_____ 조 선생님 사무실이에요.

3. A: Which room is the teacher's office?

    B: 여기____ 선생님 사무실이에요.

4. A: Who has cookies?

    B: *수미*____ 과자_____ 있어요.

5. 여기 사탕하고 과자_____ 있어요. 아이스크림____ 없어요.

6. 저희 교실에 책상하고 의자____ 있어요. 칠판도 있어요. 시계____ 없어요.

7. A: 컴퓨터_____ 어디에 있어요?

    B: 컴퓨터 _____ 텔레비전 옆에 있어요.

Exercise 4. Possessive marker 의

Look at the following pictures and write a phrase as shown in the example.

지니하고 제니　　　탐　　　선생님　　　리사　　　애니

예)　사탕
　　→　　리사의 사탕

1. 과자

→ _____

2. 가방하고 공책

→ _____

3. 돈

→ _____

4. 열쇠

→ _____

Exercise 5. Markers

Fill in the blanks with appropriate markers from the box. If no particle is required, write X in the blank.

은, 는, 이, 가, 도, 에, 의, 하고

---

1. A: 이름_____ 뭐에요?

    B: 제 이름_____ 제임스에요.

2. 책상위_____ 책_____ 있어요. 또 워크맨_____ 있어요. 씨디_____ 없어요.

3. 이건 제니_____ 책상이에요. 마크_____ 책상_____ 저기 있어요.

4. 제_____ 가방 안_____ 지갑하고 열쇠_____ 있어요. 또 한국어 공책_____

    책_____ 있어요.

5. 텔레비전 아래_____ 비디오가 있어요. 컴퓨터_____ 없어요.

6. 교실_____ 학생들_____ 많이* 있어요. 선생님_____ 없어요.   *많이: a lot

7. A:열쇠_____ 어디 있어요?

    B: 열쇠_____ 가방 오른쪽_____ 있어요.

8. 교실 앞_____ 칠판_____ 있어요. 텔레비전_____ 비디오_____ 있어요. 창문_____

    없어요.

Exercise 6. Where 어디

Look at the picture below and answer the questions using location words.

1. 펜이 어디 있어요?

→ _____

2. 전화가 어디 있어요?

→ _____

3. 공책이 어디 있어요?

→ _____

4. 종이가 어디 있어요?

→ _____

5. 가방이 어디 있어요?

→ _____

6. 사탕이 어디 있어요?

→ _____

7. 열쇠가 어디 있어요?

→ _____

Comprehensive Exercises

Listening Exercises 듣기 연습

Exercise 1.
Listen to the dialogue and answer the questions.

<u>Dialogue 1</u>

1. 아타샤 씨 전화 번호가 뭐에요? (Write in Arabic numerals e.g. 249, etc.)

_____ - _____

<u>Dialogue 2</u>

1. Is the item 리차드 and 베키 talking about closer to 리차드 or 베키?

_____

2. What did 리차드 say the item is?

_____

3. What did 베키 think it was?

_____

Exercise 2.
Listen to the passage and answer the following questions in English (take a moment to read the questions before you listen to the passage).

1. Am I a teacher or a student?

_____

2. What language do I teach/learn?

_____

3. Is my name 김영미?

_____

Exercise 3.
Listen to the passage and answer the following questions IN ENGLISH.

1. Where is the speaker now?

_____.

2. What items are there? Write three.

_____ _____ _____.

3. Where is the window?

_____.

4. Where is the teacher's bag?

_____.

5. What items are under the table?

_____.

Exercise 4.
Listen to the questions and answer them IN KOREAN.

1. _____

2. _____

3. _____

4. _____

5. _____

6. _____

7. _____

Reading Exercises   읽기 연습

Exercise 1.

Read the following passage and answer the questions.

저 책상 위에 제 가방이 있어요. 제 가방 안에는 한국어 책하고 공책이 있어요. 연필하고 펜도 있어요. 또 지갑도 있어요. 지갑 안에 돈이 없어요. 학생증하고 크레딧 카드는 있어요. 제 가방 오른 쪽에는 과자하고 사탕이 있어요. 제 과자하고 사탕이 아니에요. 제 친구의 과자하고 사탕이에요. 제 과자하고 사탕은 가방 뒤에 있어요.

True/False

1. My backpack is on this desk.

2. I only have a Korean book, notebook, pencil and pen in my backpack.

3. I have a wallet and money.

4. My cookie and candy are on the right side of my backpack.

5. My friend's cookie and candy are behind my backpack.

Writing Exercises　　작문 연습

Exercise 1. 선생님의 사무실

Write at least six sentences that describe this picture.

_____

_____

_____

_____

_____

_____

Exercise 2. 교실에 뭐가 있어요?

Write at least six sentences that describe in detail the classroom where you have Korean class.

_____

_____

_____

_____

_____

_____

_____

_____

Scripts for Listening Exercises

Exercise 1.

<u>Dialogue 1</u>

롤디:　　　아타샤 씨 전화 번호가 뭐예요?

아타샤:　　제 전화 번호는 394-1796 이에요.

<u>Dialogue 2</u>

베키:　　　리차드 씨, 그게 뭐예요?

리차드:　　뭐요? 이거요? 이건 제 독일어 책이에요.

베키:　　　중국어 공책 아니에요?

리차드:　　네, 중국어 공책이 아니에요. 독일어 책이에요.

Exercise 2.

저는 중국어 선생님이에요. 저는 한국 사람이에요. 제 이름은 마이클 정이
아니에요. 제 이름은 김영미에요.

Exercise 3.

여기는 저희 한국어 교실이에요. 교실에 책상하고 의자가 있어요. 또 탁자도 있어요.
컴퓨터하고 프린터는 없어요. 교실 왼쪽에 창문이 있어요. 교실 오른쪽에는 문이
있어요. 칠판 위에 시계가 있어요. 탁자 옆에 선생님 가방이 있어요. 탁자 아래에는
잡지하고 신문이 있어요.

Exercise 4.

1. 전화 번호가 뭐예요?

2. 내일 시험이 있어요?

3. 오늘 숙제가 있어요?

4. 가방이 있어요?

5. 지갑도 있어요?

6. 가방 안에 뭐가 있어요?

7. 교실 안에 시계가 있어요?

CHAPTER 1.5 A 오늘 무슨 요일이에요?

Exercise 1.

What day do you usually do the following activity? Write the name of the day in Korean.

	study Korean	clean your room	shop

무슨 요일?: _____   _____   _____

_____   _____   _____

	eat out	date	watch TV

무슨 요일?: _____   _____   _____

_____   _____   _____

CHAPTER 1.5 B 몇 시에요?

Exercise 1. What time is it?

Write the time in Korean. Remember to use the correct numbers for the hour and the minutes!

가) 오전

나) 오후

다) 오후

라) 오후

마) 아침

바) 밤

Exercise 2.

What time do you usually do the following activity on weekdays? How about on a weekend? Write the time in Korean.

get up   eat breakfast   study Korean

Weekdays:_____   _____   _____

Weekend:_____   _____   _____

come home   watch TV   go to bed

Weekdays:_____   _____   _____

Weekend:_____   _____   _____

Chapter 2 뭐 해요?

Lesson 5

Vocabulary Exercises   단어 연습

Exercise 1. 다른 것이 뭐에요?

Which doesn't fit? Choose the item that doesn't belong in the category with the others.

1. 백화점, 서점, 약국, 주차장

2. 교실, 약국, 사무실, 연구실

3. 주차장, 체육관, 컴퓨터 랩, 공원

4. 건물, 카페테리아, 식당, 커피숍

5. 기숙사, 집, 아파트, 우체국

6. 도서관, 슈퍼, 컴퓨터 랩, 교실

Exercise 2. 어떤 빌딩이에요?

Driving down the street, you read the signs, but they are partly covered by the trees. Guess what the following buildings might be and fill in the blanks.

1. _____ 실   2. _____ 관

3. _____ 점   4. _____ 장

5. _____ 국   6. _____ 당

Exercise 3. Label the pictures

Label the following places in Korean.

1. _____

2. _____

3. _____

4. _____

5. _____

6. _____

7. _____

8. _____

9. _____

10. _____

11. _____

12. _____

13. _____

14. _____

15. _____

16. _____

Exercise 4. Word Search!

Find as many words as you can in the grid. Then write down the words you found along with their meaning in English.

트	공	기	숙	사	우
체	원	대	친	약	체
테	학	구	학	병	국
컴	회	교	서	원	행
퓨	백	화	점	은	당
콰	차	카	운	성	주
체	육	관	동	차	식
집	페	식	장	당	숍

_____ : _____	_____ : _____
_____ : _____	_____ : _____
_____ : _____	_____ : _____
_____ : _____	_____ : _____
_____ : _____	_____ : _____

Grammar Exercises 문법 연습

Exercise 1. –에 가요

Write a sentence for each picture as shown in the example.

예)   미나는 <u>도서관에 가요.</u>

1. 선생님 은 _____

2. 리사는   _____

3. 마이클은 _____

4. 제니스는 _____

5. 아빠는   _____

6. 제 친구는 _____

Exercise 2. 누구 or 누가?

Fill in the blanks with the appropriate form of 'who'.

1. 오후에 ＿＿＿＿＿＿하고 도서관에 가요?

2. ＿＿＿＿＿＿토요일 (Saturday)에 학교에 가요?

3. 지금 집에 ＿＿＿＿＿＿ 있어요?

4. ＿＿＿＿＿＿ 한국어 책이 없어요?

5. 열두 시에 ＿＿＿＿＿＿하고 백화점에 가요?

Exercise 3. 저 or 제

Select the correct first person pronoun.

안녕하세요? 제임스에요. (저, 제)는 미국 사람이에요.

저희 집은 학교 앞에 있어요. 룸메이트하고 같이 살아요*.　　　*살아요: to live

(저, 제) 룸메이트* 이름은 수철이에요. 한국 사람이에요.　　　*룸메이트: roommate

(저, 제) 여자 친구도 한국 사람이에요. (저, 제)는 매일 아침에 한국어 클래스에

가요. 저희 한국어 선생님은 김 선생님이에요.

Exercise 4. Particles/ Suffix

Fill in the blanks with appropriate markers from the box. Then, translate each sentence.

제니: 지미씨, 어디 가요?

지미: 도서관＿＿＿＿ 가요.

제니: 어느 도서관＿＿＿＿?

지미: 수잘로 도서관＿＿＿＿.

제니: 혼자 가요?

지미: 아니오. 제 룸메이트_____ 가요.

제니: 도서관이 어디 있어요?

지미: 도서관____ 저기 학생 식당 뒤____ 있어요. 제니씨____ 어디 가요?

제니: 저는 지금 기숙사____ 가요. 그럼 안녕~.

> 이요, 요, 에, 하고, 이, 가, 의, 은, 는

Exercise 5. Particles

Fill in the blanks with appropriate markers from the box. Then, translate each sentence.

여기는 한국어 교실이에요. 학생이 셋 있어요. 탐하고 스캇하고 폴이에요. 탐은

스캇_____ 친구에요. 폴도 탐_____ 친구에요.

선생님_____ 탐_____ 친구_____ 아니에요.

> 이, 가, 도, 에, 의, 은, 는

Lesson 6

Vocabulary Exercises   단어 연습

Exercise 1. Label the pictures

Label the following pictures in Korean using 하다 verbs.

1. 아르바이트해요.

2. _____

3. _____

4. _____

5. _____

6. _____

7. _____

8. _____

9. _____

10. _____

11. _____

12. _____

13. _____ 14. _____ 15. _____

16. _____ 17. _____ 18. _____

19. _____ 20. _____ 21. _____

22. _____ 23. _____ 24. _____

Exercise 2. What do you do there?

Write down activities that may take place in the following places. Find an activity from the box.

1. 도서관. _____

2. 교실 _____

3. 백화점. _____

4. 체육관. _____

5. 운동장. _____

6. 공원. _____

7. 식당. _____

8. 집. _____

9. 커피숍. _____

10.기숙사. _____

공부해요, 숙제해요, 아르바이트해요, 일해요, 얘기해요, 전화해요, 쇼핑해요,

운동해요, 야구해요, 축구해요, 농구해요, 배구해요, 조깅해요,

산책해요, 수영해요, 세수해요, 목욕해요, 화장해요, 외식해요.

Exercise 3. Word Search!

Find as many words as you can in the grid. Then write down the words you found along with their meanings in English.

등	공	기	숙	애	우
노	부	빨	제	축	체
테	래	야	구	설	국
컴	화	배	세	거	행
사	장	화	수	지	당
랑	차	등	운	거	요
체	청	산	동	쇼	가
집	페	소	외	식	핑

_____:_____　　_____:_____

_____:_____　　_____:_____

_____:_____　　_____:_____

_____:_____　　_____:_____

_____:_____　　_____:_____

_____:_____　　_____:_____

Grammar Exercises 문법 연습

Exercise 1. Object marker -을, -를 해요

If you were to use the noun + object marker + 해요 form, which object marker would you use, 을 or 를? Fill in the blanks appropriately and read each sentence aloud.

1. 아르바이트_____ 해요   2. 노래_____ 해요

3. 세수_____ 해요   4. 운동_____ 해요

5. 화장_____ 해요   6. 빨래_____ 해요

7. 애기_____ 해요   8. 목욕_____ 해요

9. 전화_____ 해요   10. 숙제_____ 해요

11. 쇼핑_____ 해요   12. 설거지_____ 해요

13. 청소_____ 해요   14. 외식_____ 해요

Exercise 2. 은/는 and 을/를

Write a sentence as shown in the example. Use the appropriate subject and object markers.

예) 선생님, 민지 ⟶ 민지는 선생님하고 같이 공부를 해요.

1. 케이트, 친구들 ⟶

_____

2. 현지, 민수 ⟶

_____

3.   민수   ⟶ _____

_____

4.   진, 친구   ⟶ _____

_____

5.    스티브   ⟶ _____

_____

6.   제니   ⟶ _____

_____

Lesson 7

Vocabulary Exercises   단어 연습

Exercise 1. Time Adverbs. Answer the questions in Korean.

1. 평일에 보통 뭐 해요?

_____

2. 주말에 보통 뭐 해요?

_____

3. 오늘 숙제 있어요?

_____

4. 내일 시간 있어요? 몇 시에 시간 있어요?

_____

5. 모레는 어디 가요?

_____

6. 매일 운동해요?

_____

7. 평소에 공부해요? 시험때에 공부해요?

_____

8. 이번 주말에 시간이 있어요? 언제 있어요 (요일)?

_____

9. 다음 주에 시험이 있어요? 언제 있어요 (요일)?

_____

10. 평일에 청소하고 빨래를 해요?

_____

Exercise 2. Frequency Adverbs

Insert a frequency adverb in the sentence so that it can be a true sentence about yourself.

예) 나는 야구해요. → 나는 가끔 야구해요.

1. 나는 학교에 가요.

→ _____

2. 나는 한국어 공부를 해요.

→ _____

3. 나는 친구하고 전화해요.

→ _____

4. 나는 화장해요.

→ _____

5. 나는 운동해요.

→ _____

6. 나는 백화점에 가요.

→ _____

7. 나는 남자/여자 친구하고 데이트해요.

→ _____

8. 나는 등산해요.

→ _____

9. 나는 은행에 가요.

→ _____

10. 나는 목욕해요.

→ _____

Grammar Exercises 문법 연습

Exercise 1. Pronouns

Underline all pronouns. Change the underlined pronouns into their intimate forms.

저는 대학생이에요. 제 이름은 제니에요. 저는 기숙사에 살아요. 저희 기숙사는 학교 안 학생 식당 옆에 있어요. 저는 룸메이트가 있어요. 제 룸메이트는 중국 사람이에요. 저는 룸메이트하고 매일 체육관에 가요. 그리고 운동을 해요. 저희 학교 체육관은 기숙사 뒤에 있어요.

Exercise 2. Adverb of Negation "안"

Change the sentence into a NEGATIVE sentence.

예)   제이미 씨는 매일 숙제해요.

→ 제이미는 매일 숙제 **안** 해요.

1. 벤 씨는 평일에 학교 도서관에 가요.

→_____

2. 씬디 씨는 혼자 운동을 해요.

→_____

3. 미진 씨는 친구 집에 있어요.

→_____

4. 여기는 한국어 교실이에요.

→_____

5. 우리 학교 안에 기숙사가 있어요.

→_____

6. 나는 룸메이트하고 주말에 쇼핑해요.

→_____

Exercise 3. Frequency Adverbs

Insert the frequency words given in parentheses into each sentence.

예)   파커씨는 학교에 가요 (everyday)

        → 파커씨는 매일 학교에 가요.

1. 제임스씨는 공부해요 (never)

→_____

2. 파커씨는 쇼핑해요. (often)

→_____

3. 파커씨는 도서관에 있어요. (usually)

→_____

4. 파커씨는 운동해요. (occasionally)

→_____

5. 제임스씨는 평일에 도서관에 가요. (hardly ever)

→_____

6. 우리는 주말에 공원에 가요. (frequently)

→_____

7. 선생님은 평일에 청소해요. (rarely)

→_____

8. 내 친구는 평일에 조깅해요. (always)

→_____

Exercise 4. Time marker

Answer the questions as shown in the example.

예)

  Q: 미나는 언제 도서관에 가요?   (10:00am, everyday)
  A: 미나는 매일 열 시에 도서관에 가요.

1.   신디는 언제 체육관에 가요?   (8:30 am, everyday)

→ _____

2. 리사는 언제 남자친구하고 외식해요? (evening, this weekend)

→ _____

3. 주영씨는 보통 언제 청소해요? (afternoon, weekend)

→ _____

4. 시험이 언제 있어요?   (9:30 am, tomorrow)

→ _____

5. 제니스는 아르바이트가 언제 있어요? (6:00 pm today)

→ _____

6. 친구하고 언제 백화점에 가요?   (next weekend)

→ _____

Exercise 5. Particles/ Pronouns

Fill in the blanks with the appropriate pronouns and particles from the box. If you cannot insert a marker, write X in the blank.

에, 을, 를, 은, 는, 내, 네, 나, 도,

---

1. _____는 평일_____ 매일 학교_____ 가요.

2. _____ 룸메이트는 일본 사람이에요. _____ 룸메이트는 청소하고 빨래_____

거의 안 해요. _____가 청소하고 빨래_____ 해요. 룸메이트는 보통 요리하고

설거지_____ 해요.

3. 오늘_____ 한국어 시험이 있어요. 모레_____ 시험하고 숙제가 있어요.

4. 저는 농구 _____ 잘 해요. 그렇지만 축구_____ 잘 못 해요.

6. 내일_____ 몇 시_____ 학교에 가요?

　　열 두시_____ 가요.

Lesson 8

Vocabulary Exercises   단어 연습

Exercise 1. Connectors

Fill in the blanks with an appropriate connector from the box.

그리고, 그래서, 그렇지만

1. 나는 매일 샤워해요. _____ 목욕도 가끔 해요.

2. 나는 주말에 항상 야구를 해요. _____ 축구도 해요.

3. 내일은 주말이에요. _____ 학교에 안 가요.

4. 내일 한국어 시험이 있어요. _____ 공부해요.

5. 교실에 선생님이 있어요. _____ 학생들도 있어요.

6. 내 방에 텔레비전이 있어요. _____ 비디오는 없어요.

7. 나는 평일에 매일 도서관에 가요. _____ 주말에는 도서관에 거의 안 가요.

8. 나는 평소에 공부 안해요. _____ 시험때에는 공부해요.

Exercise 2. Vocabulary Practice

Fill in the blanks with appropriate time words from the box.

번, 매주, 매일, 하루, 일 주일, 전공, 학년, 학기, 대학생, 대학원생, 얼마나

---

1. 나는 _____에 한 번 샤워해요.

2. _____ 학교에 가요.

3. 한국어 클래스는 _____에 다섯 번 있어요.

4. 내 _____은 경영학이에요.

5. 나는 워싱톤 대학교 이 _____이에요.

6. 나는 _____이 아니에요. 대학원생이에요.

7. 이번 _____에 한국어를 들어요.

8. _____ 일요일에 백화점에서 아르바이트를 해요.

9. _____ 자주 산책해요?

10. 일주일에 다섯 _____ 학교에 가요.

Grammar Exercises 문법 연습

Exercise 1. Particles 에 vs. 에서

Fill in the blanks with 에서 or 에. Write X if no particle is required.

1.  우리 학교 도서관은 기숙사 앞____ 있어요. 나는 도서관_____ 공부해요. 그래서 매일 도서관____ 가요. 도서관____ 한국어책들이많이* 있어요. 그리고 한국 시디도

있어요. 도서관____는 커피숍도 있어요. 나는 가끔 커피숍____ 친구들하고

애기해요. 그리고 거기____ 숙제도 해요.　　　　　　*많이 : a lot

2.  내 집은 학교 앞____ 있어요. 나는 평일에 보통 집____ 있어요. 집____ 공부 해요. 그리고 숙제도 해요. 주말에는 친구들하고 공원____ 가요. 공원_____ 야구하고 축구를

해요.

3.  나는 이번 학기에____ 한국어 수업을 들어요. 한국어 수업은 일주일____ 다섯 번 있어요. 매일_____ 아침 아홉

시 삼십 분____ 있어요. 한국어 교실은 세이보리 홀____ 있어요.

4.  내일____ 한국어 시험이 있어요. 그래서 오늘____ 나는 친구들하고 커피숍_____ 한국어를 공부해요.

5. 나는 매일 아침 일곱 시____ 학교에 가요. 학교_____ 수업을 들어요. 그리고 오후 네 시____ 아르바이트에 가요. 나는 백화점_____ 아르바이트를 해요. 그래서 백화점에

가요.

Exercise 2. Stacking of markers

Fill in the blanks with appropriate markers. *You may need more than one marker.*

1. 이번 주말_____ 친구하고 야구해요. 다음 주말_____ 친구하고 야구해요.

2. 나는 집_____ 공부를 안 해요. 그렇지만 도서관_____ 공부를 해요.

3. 내 룸메이트는 매주 주말에 체육관에 가요. 그리고 공원_____ 가요.

4. 나는 텔레비전이 없어요. 그리고 비디오____ 없어요.

5. 주말에 요리를 해요. 그리고 청소하고 빨래____ 해요.

6. 나는 이번 학기에 한국어 수업을 들어요. 내 룸메이트____ 한국어 수업을 들어요.

7. 나는 조깅은 매일 안 해요. 그렇지만 산책_____ 매일 해요.

8. 나는 평일에 매일 아르바이트를 해요. 그렇지만 주말_____ 아르바이트를 안 해요.

Exercise 3. 얼마나 자주.... 몇 번....

Answer the questions as shown in the example.

예)   얼마나 자주 도서관에 가요?

→ 일 주일에 세 번 쯤 가요.

1. 얼마나 자주 샤워해요?

→ _____

2. 일주일에 몇 번 운동해요?

→ _____

3. 얼마나 자주 백화점에 가요?

→ _____

4. 얼마나 자주 외식해요?

→ _____

5. 한국어 수업은 일 주일에 몇 번 있어요?

→ _____

6. 하루에 몇 번 친구하고 전화해요?

→ _____

7. 한국어 공부를 일주일에 몇 시간 해요?

→ _____

8. 한국어 시험은 일주일에 몇 번 있어요?

→ _____

Comprehensive Exercises

Listening Exercises 듣기 연습

Exercise 1. Fill in the blanks.

시간	Activity
1. _____	jog
2. 8:30 am	_____
3. _____	go to school
4. 12:00	_____
5. in the afternoon	_____
6. _____	do part-time work
7. 8:20 pm	_____

Exercise 2. Listen to the passage carefully. Circle ALL the correct answers.

1. What does this person do in the morning?

a) take a shower   b) go to school   c) put on make-up   d) take a walk

2. What does this person do in the afternoon?

a) study alone   b) go to the classroom   c) work alone   d) do homework with a friend

3. What does this person do in the evening?

a) do laundry   b) do dishes   c) clean (house)   d) take a walk

4. What does this person do at night?

a) take a shower   b) take a bath   c) take a walk   d) cook

Exercise 3. Listen carefully and answer the following questions.

1. Michael is

    a. a teacher   b. a college student   c. a graduate student

2. Michael studies Korean

    a. at home   b. in the library   c. in the dormitory

3. Michael does homework

    a. alone   b. with a friend   c. with his teacher

4. The park is located

    a. beside his house   b. in front of his house   c. behind his house   d. inside of his house

5. He goes to the park

    a. always   b. frequently   c. occasionally   d. never

6. He plays baseball in the park.

    a. on weekdays   b. on the weekend

Reading Exercises   읽기 연습

Exercise 1. Read the following text and answer the questions.

민지:	안녕하세요? 제 이름은 민지에요. 만나서 반갑습니다.
마이클:	안녕하세요? 제 이름은 마이클이에요. 만나서 반갑습니다.
민지:	마이클씨는 어느 나라 사람이에요?
마이클:	네, 저는 미국 사람이에요. 민지씨는 일본 사람이에요?
민지:	(1) _____, 한국 사람이에요. 마이클씨는 학생이에요?
마이클:	네, 워싱톤 대학교 (2) _____이에요. 민지씨는요?
민지:	저는 시애틀 대학교 대학원생이에요.
마이클:	아, 그래요? 민지씨는 주말에 보통 뭐 해요?
민지:	한국어를 공부해요. 숙제도 해요. 또 친구하고 운동해요. 마이클씨는요?
마이클:	저는 친구하고 야구해요. 그리고 외식해요. 공부는 전혀 안 해요.

True or false?

1. 민지 and Michael are old friends.   _____

2. 민지 is Japanese.   _____

3. 민지 is an undergraduate student at Seattle University.   _____

4. Michael never studies on the weekend.   _____

5. Fill in the blank (1) with "No" in Korean.   _____

6. Fill in the blank (2) with the word "freshman" in Korean.   _____

7. What does 민지 **not** do on weekends?   _____
   a.   study Korean   b. do homework   c. eat out   d. exercise

Exercise 2. Read the passage and answer the following questions in *English*.

동호는 월요일에 한국어 클래스에 가요. 한국어 클래스가 여덟시 삼십분에 있어요.

화요일에는 친구 제임스하고 같이 백화점에 가요. 거기에서 아르바이트를 해요.

수요일에는 클래스가 없어요. 기숙사에 있어요. 기숙사 청소를 하고 빨래도 해요.

설거지는 룸메이트가 해요. 금요일에는 엄마 집에 가요. 거기에서 텔레비전을

봐요. 개하고 같이 조깅을 해요. 엄마하고 얘기도 해요. (**동호**는 형, 누나, 동생이

없어요. 혼자에요!) 일요일에는 저녁 7 시에 기숙사에 와요. **동호**는 월요일에

한국어 시험이 있어요. 공부를 해요!

1. What time is 동호's Korean class on Monday? _____.

2. Where does 동호 go on Tuesday, with whom, and for what?

_____, _____, _____.

3. What does 동호 do on Wednesday? Why? _____, _____.

4. How many siblings does 동호 have? _____.

5. What does 동호 do with his mom's dog? _____.

Exercise 3. Read the passage and answer the following questions in <u>English</u>.

제 이름은 사라에요. 저는 워싱턴 대학교 학생이에요. 삼 학년이에요. 저는

한국어를 공부해요. 매일 아침 10 시 30 분에 한국어 수업에 가요. 한국어 교실은

세이버리 홀에 있어요. 저는 도서관에서 매일 한국어를 공부해요. 또 집에서도

한국어 가끔 공부를 해요.

우리 엄마는 한국 사람이에요. 우리 아빠는 미국 사람이에요. <u>그래서</u> 저는

엄마하고 한국말을 해요. 아빠하고는 영어를 해요.

저는 주말에 학교 도서관에 가요. 거기에서 아르바이트를 해요. 일요일에는 가끔

체육관에 가요. 거기에서 친구 린다하고 농구를 해요.

1.   What year is 사라 at University of Washington?   _____

2.   What does 사라 do in the library every day and *why*?

       _____   _____

3.   What language does 사라 speak with her parents?

       mother: _____   father: _____

4.   Why does 사라 go to school on weekends?

       _____

5.   How often (and on what day) does 사라 go to the gym? Why?

       _____(_____)   _____

Writing Exercises　　　작문 연습

Exercise 1. 나의 하루*　　　　　　　　　*하루: day

Write 12 sentences about you and your life. You can refer to the dialogue in Lesson 8 (*Dongho's Day*) in the textbook.

_____

_____

_____

_____

_____

_____

_____

Exercise 2.

Interview your partner and write a composition (at least 10 sentences).

이름	
Nationality	
학교	
학년	
전공	
평일에 뭐 해요? (list at least three activities, use frequency adverbs)	
주말에 뭐 해요? (list at least two activities, use frequency adverbs)	

_____

_____

_____

_____

_____

_____

_____

Scripts for Listening Exercises

Exercise 1.

영수는 아침 여섯 시에 운동해요. 여덟 시 삼십 분에 샤워해요.

오전 아홉 시 삼십 분에 학교에 가요. 열두 시에 친구하고 같이 농구해요.

오후에는 혼자 한국어를 공부해요. 저녁 여섯 시 사십 분에는 아르바이트해요.

여덟 시 이십 분에 친구하고 외식해요.

Exercise 2.

저는 아침에 세수해요. 또 화장도 해요. 아홉 시에 학교에 가요.

오후에는 친구하고 같이 도서관에 가요. 공부해요. 또 제 사무실에 가요. 혼자 일

해요. 저녁에 요리해요. 설거지해요. 산책도 해요.

밤에 목욕해요. 또 친구하고 전화해요.

Exercise 3.

제 이름은 마이클이에요. 저는 대학생이에요. 저는 워싱톤 대학교 일

학년이에요. 저는 한국어를 들어요. 그래서 매일 집에서 한국어를 공부해요.

그렇지만 숙제는 친구하고 도서관에서 해요. 집 옆에 공원이 있어요. 그래서

자주 공원에 가요. 주말에는 항상 공원에서 친구하고 야구 해요. 그리고

농구도 해요.

CHAPTER 2.5 우리 가족

Exercise 1.

Study the family tree and fill in the blanks. Women's names are italicized.

예) 김 민수는 최 미진의 <u>할아버지</u>에요.

김민수 ———— *박영미*

김 지영 ———— 최 민수

Oldest   Youngest

최 수진   최 영진   *최 미진*   *최은진*   최 하진

1. *박영미*는   *최미진*의 _____에요.

2. *김지영*은   *최미진*의 _____에요.

3. 최민수는   *최미진*의 _____에요.

4. *최수진*은   *최미진*의 _____에요.

5. 최영진은   *최미진*의 _____에요.

6. *최은진*은   *최미진*의 _____에요.

7. 최하진은   *최미진*의 _____에요.

8. 최영진은   최하진의 _____에요.

9. *최수진*은   최하진의 _____에요.

10. *김지영*하고 최 민수는 *최 수진*의 _____에요.

Exercise 2. 나의 가족

Write at least 12 sentences about your family.

_____

_____

_____

_____

_____

_____

_____

_____

_____

Chapter 3 일요일은 괜찮아요.

Lesson 9

Vocabulary Exercises   단어 연습

Exercise 1.   Matching

Match each verb at right to the set of words it is most closely associated with.

1.   책, 신문      열어요

2.   문, 창문   읽어요

3.   기숙사, 시애틀, 집, 아파트   만들어요

4.   A, 4.0, 상 (Prize)   먹어요

5.   의자, 소파 (sofa)   살아요

6.   사탕, 아이스크림, 과자   앉아요

7.   이빨, 차      닦아요

8.   샌드위치, 요리 (dishes)   받아요

Exercise 2. 뭐 해요?

Look at the pictures below and describe what the people are doing.

아버지   어머니   작은 형   나

할머니   남동생하고 여동생   큰 형

예) 어머니는 샐러드 (salad)를 만들어요.

1. _____

2. _____

3. _____

4. _____

5. _____

6. _____

Exercise 3. Answer the questions

Answer the following questions.

1. 도서관은 몇 시에 (문을) 열어요?

_____

2. 도서관은 몇 시에 (문을) 닫아요?

_____

3. 매일 신문을 읽어요?

_____

4. 지금 아파트에 살아요? 혼자 살아요?

_____

5. 자주 손을 씻어요?

_____

6. 중국어를 알아요?

_____

7. 이빨을 자주 닦아요?

_____

8. 친구하고 어디에서 놀아요?

_____

Grammar Exercises　　　문법 연습

Exercise 1. Polite Present Tense I

Choose the correct verb to complete the sentence and conjugate for the polite present tense.

가) 밤에 도서관이 _____.	씻다
나) 선생님이 책상 위에 펜을_____.	먹다
다) 가방에 책을 _____.	열다
라) 매일 한국어 책을_____.	넣다
마) 제 동생이 저녁*을 _____.　*저녁 (dinner)	만들다
바) 친구들하고 공원에서 _____.	읽다
사) 우리 가족은 LA 에_____.	놀다
아) 저는 한국어 선생님을 _____.	닦다
자) 더우면 (if it's hot) 창문을 _____.	살다
차) 생일에 선물을 _____.　　*선물 (gift)	닫다
카) 왜 김치를 못 _____?	알다
타) 일요일에는 아버지 차를 _____.	받다
파) 아침에 손을 _____.	놓다

Exercise 2. Polite Present Tense II

Underline the verbs in the following passage. Change the dictionary forms into polite present tense forms and the polite present tense forms back into dictionary forms.

나는 시애틀에 살다. 그리고 대학생이다. 나는 매일 수업이

있다. 그래서 매일 학교에 가다. 한국어 수업이 아침에 있다.

그리고 점심에는 친구하고 같이 점심을 먹다. 오후에는 보통

도서관에서 공부를 하다. 나는 창문 옆에 앉다. 그리고 책을 읽다. 저녁 일곱 시에

집에 가다. 주말에는 친구하고 놀다. 공원에서 같이 운동하다. 그리고 저녁에

집에서 아빠하고 저녁을 만들다. 보통 피자를 만들다. 페퍼로니하고 치즈를 많이

넣다.

Exercise 3. 못/안

Fill in the blanks with either 못 or 안.

1. 저는 김치를 ＿＿＿ 먹어요.

2. 오늘 금요일이에요. 그래서 공부를 ＿＿＿ 해요 .

3. 내일 시험 있어요. 그래서 오늘 친구하고 ＿＿＿ 놀아요.

4. 학생이 아니에요. 그래서 기숙사에서 ＿＿＿ 살아요.

5. 보통 저녁은 내가 ＿＿＿ 만들어요. 룸메이트가 만들어요.

6. 주말에는 학교에 ＿＿＿ 가요.

Exercise 4. Connector –고

Connect the pairs of sentences using –고 as shown in the example.

예)　　　　　나는 학교에 가요. 그리고 동생은 집에 있어요.

→　　　　　나는 학교에 가고 동생은 집에 있어요.

1. 토요일 아침에 친구하고 운동해요. 그리고 오후에 같이 공부해요.

_____.

2. 책은 책상위에 놓아요. 그리고 공책은 가방에 넣어요.

_____.

3. 동생은 핏자를 먹어요. 그리고 나는 샌드위치를 먹어요.

_____.

4. 문은 닫아요. 그리고 창문은 열어요.

_____.

5. 오빠는 차를 닦아요. 그리고 나는 방을 청소해요.

_____.

6. 나는 신문을 읽어요. 그리고 룸메이트는 TV를 봐요.

_____.

Exercise 5. –지만

Connect the pairs of sentences using –지만 as shown in the example.

예)   기숙사에 살아요. 그렇지만 룸메이트는 없어요.

→   기숙사에 살지만 룸메이트는 없어요.

---

1. 평일에는 학교에 가요. 그렇지만 주말에는 안 가요.

_____.

2. 치즈 핏자는 잘 먹어요. 그렇지만 페퍼로니 핏자는 못 먹어요.

_____.

3. 매일 샤워를 해요. 그렇지만 목욕은 가끔 해요.

_____.

4. 대학생이에요. 그렇지만 부모님하고 같이 살아요.

_____.

5. 숙제는 매일 있어요. 그렇지만 시험은 가끔 있어요.

_____.

6. 돈이 없어요. 그렇지만 크레딧 카드는 있어요.

_____.

Exercise 6. –고 나서

Write a sentence using –고 나서 as shown in the example.

예)     운동하고 나서 샌드위치를 먹어요.

1.     _____

2.     _____

3.     _____

4.     _____

5.     _____

Exercise 7. –(으)로

FILL IN THE BLANKS WITH –로 OR -으로

1. 펜_____ 싸인해요.

2. 한국어는 이 책_____ 공부해요.

3. 집에 버스_____ 가요.

4. 이 문은 이 열쇠_____로 열어요.

5. 'LOVE'는 한국어_____ '사랑'이에요.

6. 저는 연필_____ 숙제해요.

Exercise 8. WH- questions

Fill in the blanks with the words from the box and translate each sentence.

누구, 누가, 언제, 어디, 왜, 뭐, 못, 안

영이: 민우씨, 지금 _____ 해요?

민우: 아니오. 그냥* 집에 있어요.   *just

영이: 오늘 토요일이에요. _____ 안 가요?

민우: 오후에 도서관에 가요. 친구들이 도서관에 있어요.

영이: 토요일에 _____ 도서관에 가요?

민우: 월요일에 시험 있어요. 그래서 도서관에 가요.

영이: 그럼 오늘 나하고 같이 _____ 놀아요?

민우: 네, 미안해요. _____ 놀아요.

Lesson 10

Vocabulary Exercises   단어 연습

Exercise 1. Matching

Match each verb at right to the set of words it is most closely associated with.

1. 차, 버스, 택시,   쳐요

2. 테니스, 기타,   마셔요

3. 쥬스, 물, 콜라 (cola)    써요

4. 영화 (movie), TV   타요

5. 친구, 엄마, 선생님   배워요

6. 책, 선물 (present), 씨디   만나요

7. 한국어, 수학 (math)   사요

8. 이름, 펜, 연필, 가나다라   만나요

9. 친구, 선생님   봐요

Exercise 2.   Fill in the blanks

Fill in the blanks with appropriate verbs.

예) 숙제를 <u>내요</u>.   (to turn in)

1. 선생님은 한국어를 _____.   (to teach)

2. 나는 보통 9시에 학교에 _____.   (to come)

3. 동생이 그림을 _____.   (to draw)

4. 언니하고 오빠는 기타를 _____.   (to play)

5. 서점에서 책을 _____.   (to purchase)

6. 커피숍에서 커피를 _____.   (to drink)

7. 도서관에서 친구를 _____.   (to meet)

8. 선생님이 이름을 칠판에 _____.   (to write)

9. 이번 학기 (this quarter) 에 한국어를 _____.   (to learn)

10. 나는 아이스크림을 _____.   (to like)

    그렇지만 사탕은 _____.   (to dislike)

Exercise 3.

Use the verbs from the box to answer the following questions.

친구를 만나요. 김치(Kimchi)를 먹어요. 맥주(Beer)를 마셔요. Downtown에 가요. 집에 와요. Cosmopolitan을 읽어요. Oprah Show를 봐요. 메트로 버스를 타요. 기타를 쳐요. 도서관에서 자요. 교실에서 친구하고 놀아요. 이빨을 닦아요. 시디를 사요. 김치를 만들어요. 한국어를 써요. 한국어 숙제를 내요. 주말에 아버지 차를 닦아요. 금요일 밤에 집에서 쉬어요.

1. 뭐를 매일 해요?

예) 나는 매일 학교에 가요....

_____

_____

2. 뭐를 자주 해요?

_____

_____

3. 뭐를 가끔 해요?

_____

_____

4. 뭐를 안 해요?

_____

_____

Grammar Exercises 　　　 문법 연습

Exercise 1. Polite present tense

Write the verbs in –어요/아요 endings.

1. 숙제를 <u>내요.</u>　　　　　　　　　　　　　　　(내다)

2. 김수희 선생님은 한국어를 _____.　　　　(가르치다)

3. 나는 보통 9시에 학교에 _____.　　　　(오다)

4. 동생이 친구들하고 _____.　　　　　　(애기하다)

5. 언니하고 오빠는 기타를 _____.　　　　　(치다)

6. 백화점에서 할머니 선물을 _____.　　　(사다)

7. 커피숍에서 커피를 _____.　　　　　　　(마시다)

8. 도서관에서 친구를 _____.　　　　　　　(만나다)

9. 선생님이 이름을 칠판에 _____.　　　　　(쓰다)

10. 이번 학기 (this quarter) 에 한국어를 _____.　(배우다)

Exercise 2. Review: Connectors –고 and 지만

Connect the pairs of sentences using –고 or -지만.

1. 토요일에 친구하고 만나요. 그리고 같이 공부해요.

    _____.

2. 주말에는 쉬어요. 그렇지만 주중에는 아르바이트해요.

    _____.

3. 동생은 편지 (letter)를 써요. 그리고 나는 TV를 봐요.

    _____.

4. 룸메이트는 브래드 피트를 좋아해요. 그렇지만 탐 크루즈는 싫어해요.

    _____.

5. 오빠는 한국어를 배워요. 그리고 나는 일본어를 공부해요.

    _____.

6. 친구는 커피를 잘 마셔요. 그렇지만 나는 커피는 못 마셔요.

    _____.

Exercise 3. –기 전에

Write a sentence using –기 전에 as shown in the example.

예)    점심 (lunch) 먹기 전에 운동해요.

1.    _____

2. _____

3. _____

4. _____

5. _____

Exercise 4. 만 I

Fill in the blanks with the correct particles.

가) 나_____ 한국어 신문_____ 읽어요.　　I read only a Korean newspaper.

나) 나_____ 한국어 신문_____ 읽어요.　　Only I read a Korean newspaper.

다) 나_____ 스타벅스 커피_____ 좋아해요.　　I like only Starbucks coffee.

라) 나_____ 스타벅스 커피_____ 좋아해요.　　Only I like Starbucks coffee.

마) 나_____ 기타_____ 쳐요.　　I play only the guitar.

바) 나_____ 기타_____ 쳐요.　　Only I play the guitar.

Exercise 5. –만 II

Rewrite the underlined part with 만. Then translate the sentence.

1. 저는 <u>도서관에서</u> 공부해요.

2. <u>선생님은</u> 마커를 써요.

3. 제시는 <u>일요일에</u> 학교에 안 와요.

4. <u>수미는</u> 그림을 잘 그려요.

5. 나는 <u>친구하고</u> 같이 커피를 마셔요.

6. 나는 <u>수영을</u> 못 해요.

Exercise 6. 와요/가요

Fill in the blanks with 와요/가요.

1. 지나: 탐, 저 지금 학교 식당에 있어요. 언제 여기에 _____?

   탐:　　저 지금 못 _____. 미안해요!

2. 지나: 우리 같이 체육관에 _____!

   탐:　　네! 지금 같이 _____.

3. 지나: 오늘 밤 지미 씨 파티에 _____?

   탐:　　네. 지나 씨는요?

   지나: 저는 못 _____.

4. 탐:　　여기에 자주 _____?

   지나: 아니오.. 가끔 _____.

Exercise 7. Particles

Fill in the blanks with appropriate markers from the box.

에, 에서, 만, 하고, 부터, 까지

민수: 어, 앤씨, 어디 가요?

앤: 아, 민수씨. 저는 도서관_____ 가요.

          동생이 도서관_____ 있어요.

민수: 그래요? 동생이 뭐 해요?

앤: 도서관_____ 일해요.

민수: 그래요? 저도 도서관_____ 일해요!

앤: 그래요? 제 동생은 월요일에_____ 일해요.

민수: 저는 수요일_____ 금요일에 일해요.

          동생은 월요일 몇시에 일해요?

앤: 보통 네시_____ 여섯 시_____ 일해요.

Lesson 11

Vocabulary Exercises   단어 연습

Exercise 1. Association

Write in names or items that can be associated with the meaning
of each adjective.

커요	마이클 조던	좋아요	
작아요		나빠요	
많아요		바빠요	
적어요		예뻐요	
싫어요		괜찮아요	
이상해요		재미있어요	
같아요		비슷해요	

Exercise 2.

Choose the right verb/adjective.

1. 샤킬 오닐은 (커요, 많아요)

2. 돈이 아주 (커요, 많아요)

3. 핏자가 (좋아요, 좋아해요)

4. 히틀러는 (바빠요, 나빠요)

5. 신데렐라는 (예뻐요, 나빠요)

6. 나는 이 영화를 (싫어요, 싫어해요)

7. 학생이 교실에 (적어요, 작아요.)

8. 밤에는 아주 (피곤해요, 이상해요)

9. 학생들은 아주 (바빠요, 나빠요)

10. 한국어 수업은 (재미있어요, 바빠요)

Grammar Exercises　　　　문법 연습

Exercise 1. Polite Present Form I

Fill in the blanks.

바쁘다		좋다	
	맞아요		싫어요
틀리다			나빠요
	커요	많다	
작다			적어요
같다		이상하다	
	괜찮아요	예쁘다	
비슷하다			피곤해요
재미있다			재미없어요

Exercise 2. Polite Present Form II
Choose the correct verb to complete the sentence and conjugate for the polite present tense.

1. 이 티셔츠*는 너무 _____.* 티셔츠 (T-shirt)

2. 한국어 수업이 _____.

3. 운동을 많이 해서 _____.

4. 한국어 수업은 숙제가 _____.

5. 저는 담배*를 _____.　　*담배 (cigarettes)

6. 히틀러는 _____.

7. 내 여자 친구는 아주 _____.

8. 저는 담배*가_____.

9. 내일 시험이 있어서 오늘 아주 _____.

재미있다
작다
싫다
싫어하다
예쁘다
나쁘다
많다
피곤하다
바쁘다

Exercise 3. Polite Present Tense Review

Complete the sentence with the correct verb in the polite present tense.

제 동생 영미는 워싱톤 대학교 학생 (이다)_____. 영미는 기숙사에

(살다) _____. 영미는 키(height)가 (크다) _____.

그리고 (예쁘다) _____. 영미는 4 학년(이다) _____. 그래서

아주 (바쁘다) _____. 영미는 한국어를 (배우다) _____. 그리고

수학도 (공부하다) _____. 주말에는 친구들하고 IMA 에서

(운동하다) _____.

영미는 커피를 못 (마시다)_____. 그리고 기타도 잘 못

(치다)_____. 하지만 (but) 김치를 잘 (먹다)_____. 그리고

자전거도 잘 (타요)_____. 영미하고 저는 TV 를 가끔 (보다)

_____. 그리고 같이 저녁도 (만들다)_____.

영미는 친구가 (많다) _____. 영미는 친구들을 자주

(만나다)_____. 보통 친구들하고 기숙사에서 (놀다) _____.

저는 제 동생이 아주 (좋다) _____.

Exercise 4. –어서/아서

Connect the pairs of sentences using –어서/아서 as shown in the example.

Example: 내일 시험이 있어요. 그래서 도서관에 가요.

→   내일 시험이 있어서 도서관에 가요.

---

1. 너무 바빠요. 그래서 공부를 못 해요.

_____.

2. 시애틀이 좋아요. 그래서 시애틀에서 살아요.

_____.

3. 이 체육관은 아주 커요. 그래서 좋아요.

_____.

4. 수업이 8시에 있어요. 그래서 7시에 일어나요.

_____.

5. 나하고 내 동생은 쌍둥이 (twins)에요. 그래서 비슷해요.

_____.

6. 오늘 아주 피곤해요. 그래서 체육관에 못 가요.

_____.

Exercise 5. Let's…　　우리 같이 - 어요/아요

Write a sentence according to the picture as shown in the example.

예)　　　　　　　　　　　　우리 같이 공원에서 놀아요.

1.

2.

3.

4.

5.

6.

Exercise 6. 좋아요/좋아해요

Fill in the blanks with 좋아요 or 좋아해요.

1. 나는 한국어 수업이 _____.

2. 영미는 파티를 _____. 그래서 자주 파티를 해요.

3. 저 사람은 운동을 잘 해서 _____.

4. 나는 축구하고 야구를 _____. 농구만 _____.

5. 나는 김치가 아주 _____!

Exercise 7. Review

Translate the following sentences into Korean.

1. How is the Korean class? Is it fun?

_____

2. Yes. My Korean class is really fun.

_____

3. I always call my mother on Saturday.

_____

4. I don't like tests but I like homework.

_____

5. Where are we meeting?

_____

6. Let's meet in front of the theater.

_____

Lesson 12

Vocabulary Exercises   단어 연습

Exercise 1. Adverbs

Fill in the blanks with the words from the box.

> 조금, 더, 열심히, 벌써, 아직, 방금, 정말

1. A: 숙제 다 했어요?

    B: 아니오, _____ 다 못 했어요.

2. A: 저 영화 어때요? 재미있어요?

    B: 네, _____ 재미있어요!

3. A: 어머, 미안해요. 많이 기다렸어요?

    B: 아니오. 저도 _____ 왔어요.

4. 선생님: 내일 시험이에요. 공부 _____ 해요!

    학생들: 네!

5. A: 어제 파티에서 맥주* 많이 마셨어요?   *맥주 (beer)

    B: 아니오! _____만 마셨어요.

6. A: _____ 열한 시에요. 집에 가요!

    B: 네, 그래요.

7. A: 이 핏자 _____ 먹어요.

    B: 아. 괜찮아요. 배가 불러요. *   * 배가 불러요 (I am full)

Exercise 2.

Translate the following sentences.

1. 잠깐 기다려요!

_____

2. 한국어 시험 공부를 거의 다 했어요.

_____

3. 저 친구는 너무 많이 먹어요!

_____

4. 핏자 한 개만 더 먹어요.

_____

5. 왜 지금 와요? 오랫동안 기다렸어요!

_____

6. 저 영화는 아주 이상해요!

_____

Grammar Exercises　　문법 연습

Exercise 1. Polite Past Tense I

Fill in the blanks with past tense forms.

먹다		치다	
살다		쉬어요	
놓다		오다	
나가다		보다	
싫다		쓰다	
떠나다		바쁘다	
이상하다		예쁘다	
마시다		좋아하다	
어떻다		좋다	
괜찮다		틀리다	

Exercise 2. Polite Past Tense II

Complete the sentence with the correct verb in the polite past tense.

작년(last year)에 제 동생 영미는 워싱톤 대학교 학생 (이다)_____.

영미는 기숙사에 (살다) _____. 영미는 4 학년(이다) _____.

그래서 아주 (바쁘다) _____. 영미는 한국어를 (배우다) _____.

그리고 수학도 (공부하다) _____. 주말에는 친구들하고 IMA 에서

(운동하다) _____.

영미는 커피를 못 (마시다)_____. 그리고 기타도 잘 못

(치다)_____. 하지만 (but) 김치를 잘 (먹다)_____. 그리고

자전거도 잘 (타요)_____. 영미하고 저는 TV 를 가끔 (보다)

_____. 그리고 같이 저녁도 (만들다)_____.

영미는 친구가 (많다) _____. 영미는 친구들을 자주

(만나다)_____. 보통 친구들하고 기숙사에서 (놀다) _____.

Exercise 3. 고, −지만, 아서/어서

Connect the pairs of sentences using -고, −지만, or -아서/어서 as shown in the example.

> *Example:* → 어제는 바빴어요. 그렇지만 오늘은 괜찮아요.
>
> 어제는 바빴지만 오늘은 괜찮아요.

1. 어제는 운동을 많이 했어요. 그래서 오늘 좀 피곤해요.

   _____.

2. 돈이 없었어요. 그래서 피자를 못 먹었어요.

   _____.

3. 지난 주에는 아르바이트를 많이 했어요. 그리고 공부도 열심히 했어요.

   _____.

4. 지난 학기에 한국어를 조금 배웠어요. 그렇지만 아직 잘 못 해요.

   _____.

5. 숙제는 다 했어요. 그리고 시험 공부도 거의 다 했어요.

   _____.

6. 어제는 아주 일이 아주 많았어요. 그래서 오늘 너무 바빴어요.

   _____.

7. 어제는 친구가 왔어요. 그래서 저녁에 밖에 나갔어요.

   _____.

Exercise 4. 은/는 (contrast), 이/가 (focus)/ 도/ (이)나

FILL IN THE BLANKS WITH 은/는, 이/가 , 도 OR (이)나.

1. 제인: 찰스씨. 오늘 밤에 파티에 가요?

   찰스: 아니오. 못 가요. 제인씨_____ 가요?

2. 제인: 누가 기숙사에 살아요?

   찰스: 제니씨_____ 살아요.

   제인: 찰스씨_____ 기숙사에 살아요?

   찰스: 아니오. 저_____ 기숙사에 안 살아요.

3. 제인: 가족들이 뭐 해요?

   찰스: 엄마_____ 차를 닦고 동생_____ 피아노를 쳐요.

   제인: 그럼, 아버지_____ 뭐 해요?

   찰스: 아빠_____ 저녁을 만들어요.

4. 제인: 이번 학기 어때요?

   찰스: 너무 바빠요! 수업을 다섯 과목*_____ 들어요! 그리고 아르바이트도 세 개*_____ 해요!   (*과목: SUBJECT, COUNTER FOR CLASSES; *개: COUNTER FOR GENERAL ITEMS)

5. 제인: 지난 주말에 뭐 했어요?

   찰스: 극장에 갔고 외식_____ 했어요. 제인씨는요?

   제인: 저_____ 집에만 있었어요. 재미없었어요.

Comprehensive Exercises

Listening Exercises   듣기 연습

Exercise 1.

LISTEN CAREFULLY AND CHOOSE ALL THE RIGHT ANSWERS.

1. My family consists of _____ people.

a. 4   b. 5   c. 6   d. 7

2. My house

a. is big   b. is pretty   c. has many windows

3. My father is

a. a professor   b. a computer engineer   c. a Korean teacher

4. My mother works

a. on Monday and Thursday   b. from Monday through Thursday

C. ON MONDAY   D. ON THURSDAY

5. My brother can't eat dinner with the family because

a. he is busy   b. he works late

c. he is a college student   d. he does not want to

5. I am   a. male   b. female

6. What time do I get up everyday?

a. 5:00   b. 6:00   c. 7:00   d. 8:00

7. How do I get to school?

a. on foot   b. by bus   c. by car

8. What does my family do during the weekend?

a. cook dinner together   b. eat dinner together

c. eat lunch together   d. cook lunch together

Exercise 2.

Listen carefully and answer the questions in English.

1. What do my father and mother do on Saturday?

    _____

2. What does my sister do on Saturday?

    _____

3. What time does my family get up on Sunday?

    _____

4. Who goes to church?

    _____

5. What do I do on Sunday and with whom?

    _____

Exercise 3. True/False

1. Jenny went to her friend's birthday party last Friday.   _____

2. Minsu went to the movies with his family last Friday.   _____

3. Minsu has a Korean test on Monday.   _____

4. Minsu studied Korean for seven hours during the weekend._____

5. Minsu did well on the Korean test.   _____

Reading Exercises   읽기 연습

Exercise 1. 우리 가족

Read the passage and fill in the blanks in English.

> 우리 집에는 모두 다섯 명이 살아요. 아빠, 엄마, 오빠, 언니, 나, 이렇게 모두
> 다섯 명이에요. 아빠는 컴퓨터 일을 해요. 그래서 매일 아침 여덟시에
> 사무실에 가요. 엄마는 월요일하고 수요일에 대학교에서 일해요. 오빠는
> 지금 일을 안 해요. 그래서 매일 집에 있어요. 가끔 친구들하고 점심을 먹고
> 놀아요. 나는 대학교 2 학년이에요. 매일 아침 여섯 시 반에 샤워를 하고
> 아침을 먹어요. 그리고 학교에 가요. 저녁은 보통 오빠가 만들어요. 가족들이
> 다 같이 먹어요.

1. My family consists of _____ people.

2. When does my father go to work?   _____.

3. Where and when does my mother work?   _____.

4. Why does my brother stay at home everyday? _____.

5. How often does my brother meet his friends and what does he do when he meets them?

_____.

6. I am male/female. (circle one)

7. What time do I take a shower everyday? _____.

8. Who usually cooks dinner?   _____.

Exercise 2.

Read the passage and answer the questions below.

제 이름은 미미에요. 저는 워싱톤 대학교 학생이에요. 대학 생활은 바쁘고 힘이 많이 들지만 재미있어요. 저는 우리 학교가 아주 좋아요.

저는 기숙사에 살아요. 그리고 저는 기숙사에 친구가 아주 많아요. 제 기숙사 친구들은 토요일에 아주 바빠요. 제시는 친구 만나러 커피숍에 갔어요. 미라는 아르바이트하러 백화점에 갔어요. 수지는 기타를 치러 친구집에 갔어요. 제임스는 책을 보러 도서관에 갔어요. 그렇지만 저는 어제 너무 많이 놀아서 오늘은 기숙사 라운지에서 쉬어요.

우리 기숙사 라운지는 작지만 아주 좋아요. TV 도 크고 의자하고 테이블도 많아요. 친구들하고 자주 라운지에서 TV 를 보고 커피를 마셔요. 금요일 밤에는 보통 라운지에서 핏자 파티를 해요. 어제는 미라하고 제임스하고 핏자를 먹고 콜라를 마시고 영화도 봤어요. 저는 핏자를 네 개나 먹었어요!

저는 월요일에 한국어 시험이 있지만 공부를 거의 다 했어요. 그래서 오늘하고 내일은 별로 안 바빠요. 그래서 오늘 밤에 영화 보러 친구하고 극장에 가요.

TRUE/FALSE?

I like my school life because it is fun. _____

Jessie went to a coffee shop to meet a friend. _____

Susie went to her friend's house to play the guitar. _____

I studied a lot last night so I am taking a rest at the lounge. _____

The lounge is nice and big. _____

They usually have a pizza party Friday night. _____

I am really busy today because I have to study for a test on Monday. _____

I am going to go to a movie theater to watch a movie. _____

Writing Exercises   쓰기 연습

Exercise 1. My weekly Schedule

Write about what you usually do in a given week.

_____

_____

_____

_____

_____

_____

_____

_____

Exercise 2. 나는 이런 사람이에요.

Write at least 12 sentences to about yourself. Refer to the passage in Lesson 11, exercise 4 in your textbook.

_____

_____

_____

_____

_____

_____

_____

_____

Exercise 3. 민수의 어제 하루

Write a composition about 민수's day yesterday according to the pictures below. Be sure to use past tense forms and connectors.

8:00   8:30   9:00   9:30 – 10:20

한국어 수업

12:30 – 1:45   3:00 – 4:00   4:30 – 6:00   6:30

7:00   7:30   8:30 – 9:30   11:30

_____

_____

_____

_____

_____

Exercise 4. My last week.

Write at least 12 sentences about your week last week. Refer to the passage in Lesson 12 exercise 9 in your textbook.

_____

_____

_____

_____

_____

_____

_____

_____

Scripts for Listening Exercises

Exercise 1.

우리집은 아주 좋아요. 집이 아주 크고 예뻐요. 그리고 창문도 많아요.
우리 집에는 모두 여섯 명이 살아요. 할머니, 아빠, 엄마, 형, 나, 남동생
이렇게 모두 여섯 명이에요. 아빠는 컴퓨터 회사에서 일해요. 그래서
매일 아침 일곱 시에 사무실에 나가요. 엄마는 월요일부터 목요일까지
대학교에서 학생들을 가르쳐요. 형은 대학원생이에요. 그래서 아주
바빠요. 매일 아침 다섯 시에 일어나요. 그리고 집에 보통 열 시에 와요.
그래서 주중에는 같이 저녁을 못 먹어요. 나는 대학교 삼 학년이에요.
매일 아침 여덟 시에 일어나요. 샤워를 하고 아침을 먹어요. 그리고
버스를 타고 학교에 가요. 저녁은 보통 할머니가 만들어요. 주말에는
가족들이 다 같이 저녁을 먹어요.

Exercise 2.

우리 가족은토요일에 아주 바빠요. 아버지는 밖에서 차를 닦고
어머니는 공원에서 친구하고 테니스를 쳐요. 형은 도서관에서 한국어를
공부해요. 누나는 친구집에서 친구하고 얘기해요. 나는 집에서 쉬어요.
일요일에는 가족이 모두 9 시에 일어나요. 어머니하고 아버지는
친구집에 가요. 나하고 형은 운동장에서 놀고 누나는 책을 읽어요.
저녁에는 모두 같이 저녁을 먹어요. 그리고 11 시 쯤 자요.

Exercise 3.

민수: 제니씨, 지난 주말에 뭐 했어요?

제니: 지난 주말에 아주 바빴어요. 토요일에는 친구 생일이어서 생일
　　　파티에 갔어요. 그리고 일요일에는 가족들하고 공원에 가서
　　　놀았어요. 민수씨는요?

민수: 금요일 밤에는 친구들하고 영화를 봤어요. 그리고 월요일에 한국어
　　　시험이 있어서 토요일하고 일요일에는 공부만 했어요.

제니: 그래요? 몇 시간이나 했어요?

민수: 음.. 주말에 일곱 시간 했어요.

제니: 일곱시간이나 했어요? 시험은 어땠어요?

민수: 괜찮았어요. A 를 받았어요.

CHAPTER 3.5 숫자 세기

Exercise 1.

Match counters with appropriate nouns.

개

명, 분

살

마리

장

상자

대

잔

병

권

Exercise 2.

Answer the following questions in Korean using proper counters.

1. How many computers do you have?

_____

2. How many boxes of chocolate did you get on last Valentine's day?

_____

3. How old were you when you got your driver's license?

_____

4. How many rooms do you have in your house/apartment?

_____

5. How many Harry Potter books have you read so far?

_____

6. Do you have a pet? How many?

_____

7. How many male students are there in the Korean class? How many female students?

_____